BEI GRIN MACHT SICH IHR WISSEN BEZAHLT

Kombinatorische Schaltung Graycode

Robin Fischer

Bibliografische Information der Deutschen Nationalbibliothek:

Die Deutsche Nationalbibliothek verzeichnet diese Publikation in der
Deutschen Nationalbibliografie; detaillierte bibliografische Daten sind
im Internet über http://dnb.d-nb.de abrufbar.

ISBN: 9783346840806
Dieses Buch ist auch als E-Book erhältlich.

Druck und Bindung: Books on Demand GmbH, Norderstedt Germany
Gedruckt auf säurefreiem Papier aus verantwortungsvollen Quellen

Das vorliegende Werk wurde sorgfältig erarbeitet. Dennoch
übernehmen Autoren und Verlag für die Richtigkeit von Angaben,
Hinweisen, Links und Ratschlägen sowie eventuelle Druckfehler keine
Haftung.

Das Buch bei GRIN: https://www.grin.com/document/1338645

AKAD Bildungsgesellschaft mbH – Digital Engineering und Angewandte Informatik (B.Eng.)

Assignment zum Thema

Kombinatorische Schaltung Graycode

Inhaltsverzeichnis

I. Abbildungsverzeichnis

II. Abkürzungsverzeichnis

DNF   = Disjunktive Normalform

III. Tabellenverzeichnis

1   Einleitung

In diesem Assignment wird das Thema *synchroner Zähler in Zusammenhang mit Graycode* aufgearbeitet. Zähler in der Digitaltechnik werden nach dem zu verwendeten Code und nach der Zählrichtung unterschieden. In der Digitaltechnik werden hauptsächlich Dual-Zähler und BCD-Zähler verwendet. Es wird zwischen Vor- und Rückwärtszählern, sowie zwischen synchronem und asynchronem Zählbetrieb abgegrenzt (vgl. Zähler, https://www.elektronik-kompendium.de/sites/dig/0210222.htm, Abruf am 15.12.2021). Um einen Zähler zu konstruieren, werden Flip-Flops genutzt. Im Falle dieser Ausarbeitung handelt es sich dabei um die sogenannten JK-Flipflops, auf welche im späteren Verlauf der Arbeit detaillierter eingegangen wird. Die Taktsteuerung des Zählers läuft bei einem synchronen Zähler parallel ab, während diese bei einem asynchronen Zähler nacheinander abläuft. Dies kann vor allem bei hohen Zählerfrequenzen eines asynchronen Zählers zu Störungen führen. Beide Zähler gibt es sowohl als Vorwärtszähler (Addition) als auch als Rückwärtszähler (Subtraktion).

1.1   Problemstellung und Zielsetzung

Die Problemstellung liegt im Falle dieses Assignments bereits in der Aufgabenstellung. Es soll ein 0:7 Zähler mit Hilfe von JK-Flipflops als synchroner Zähler konstruiert werden. Dieser Zähler soll aus der Erstellung einer kombinatorischen Schaltung anschließend eine gegebene Frequenzfolge (0,1,2,3,4,5,6,7) in den zugehörigen Graycode umwandeln (0,1,3,2,6,7,5,4). Außerdem werden die entsprechenden KV-Diagramme und Wahrheitstabellen angegeben, sowie simulierte Schaltungen mit Hilfe der Software *Logisim*.

1.2   Aufbau

Nach erfolgter Kurzpräsentation des Themas in der Einleitung, sowie der Erläuterung der Problemstellung und Zielsetzung im gleichnamigen Kapitel, wird nun im Folgenden auf die benötigten Grundlagen eingegangen. Diese beinhalten zum einen den Aufbau und die Funktion von Flipflops, sowie den allgemeinen Aufbau eines Graycode. Anschließend wird in Kapitel 3 die Realisierung der Schaltung durchgeführt. Kapitel 3.1 behandelt die Konstruktion eines 0:7 Synchronzählers mit Hilfe von JK-Flipflops. Hier werden zunächst die entsprechenden Wahrheitstabellen und KV-Diagramme aufgestellt, auf deren Grundlage der Synchronzähler konstruiert wird. In weiterer Folge wird in Kapitel 3.2 die kombinatorische Schaltung aufgebaut, zunächst theoretisch mit Wahrheitstabellen und KV-Diagrammen. Auf deren Grundlage wird dann der Schaltplan der kombinatorischen Schaltung erstellt mit dessen Hilfe der zugehörige Graycode zur Frequenzfolge ausgegeben wird. Die erreichten Ergebnisse werden in der Zusammenfassung in Kapitel 4 nochmal betrachtet und bewertet.

2 Grundlagen

2.1 Theorie zu Flip-Flops

Anstelle von Flip-Flops wird häufig auch von einer *bistabilen Kippstufe* gesprochen. Es handelt sich hierbei um eine elektronische Schaltung, welche zwei Zustände einnehmen kann. Die zentrale Eigenschaft eines Flipflops ist die Speicherung eines Zustandes, welcher zu einem späteren Zeitpunkt erneut abgerufen werden kann (vgl. Koch et al., o.J., S.12).

Es gibt verschiedene Arten von Flipflops, welche durch die unterschiedlichen Bedingungen, wann von einem Zustand in den nächsten gewechselt wird, klassifiziert werden. Diese Klassifizierung wird auf Grund der Taktabhängigkeit vorgenommen und ist in Abbildung 1 dargestellt (vgl. Koch et al., o.J., S.20).

Taktabhängig bedeutet, dass der Zustand des Flipflops nur wechselt, wenn ein bestimmter Wert am Takteingang der Flipflops anliegt (Taktzustandsgesteuert). Da es eine große Anzahl von unterschiedlichen Flipflops gibt, wird im Folgenden nur auf das RS-Flipflop und auf das, durch die Aufgabenstellung relevante, JK-Flipflop eingegangen. Eine Klassifizierung von Flipflops nach ihrem Steuerungstyp ist in Abbildung 1 dargestellt. Andere wichtige Flipflop-Arten, die an dieser Stelle nur der Vollständigkeit halber genannt werden, sind zum Beispiel:

- D-Flipflop
- T-Flipflop
- Master-Slave-Flipflop

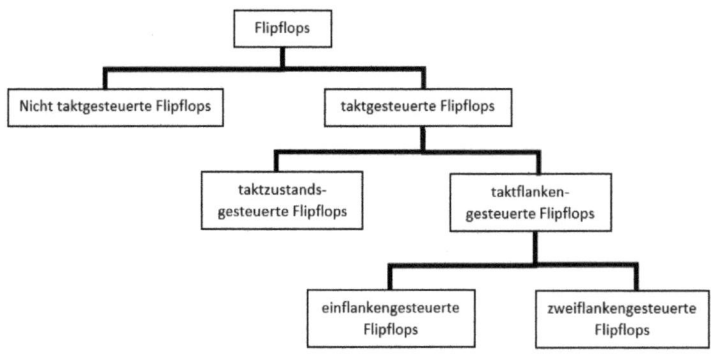

Abbildung 1: Klassifizierung von Flipflops (vgl. Koch et al., o.J., S.20)

2.2 RS-Flipflop

„Ein RS-Flipflop kann aus NAND- oder NOR-Gattern aufgebaut werden" (Fricke, 2021, S.78). Nachfolgend ist der Aufbau eines RS-Flipflops mit NAND-Gattern und das Schaltsymbol in Abbildung 2 dargestellt.

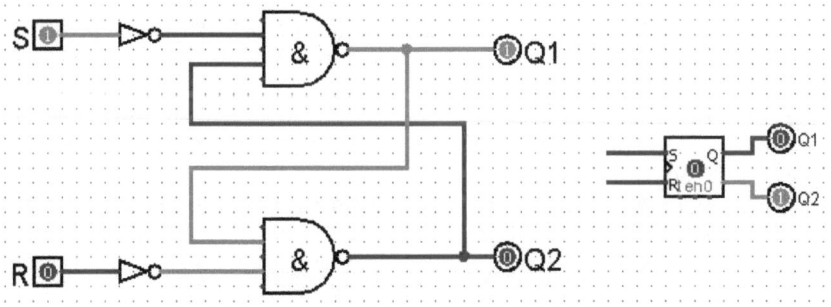

Abbildung 2: RS-Flipflop NAND-Gatter & Schaltsymbol (vgl. Koch et al., o.J., S.12)

Ein RS-Flipflop stellt die Grundform eines Speicherelements dar, arbeitet ohne Takt und besitzt die beiden Eingänge R und S, sowie den Ausgang Q_1 und einen zu Q_1 invertierten Eingang Q_2. Die beiden Eingänge haben die Bedeutung Reset (R) und Set (S), also Rücksetzen und Setzen. Hierbei gibt es vier mögliche Kombinationen der beiden Eingänge,

3

welche mit ihrer Bedeutung in der nachfolgenden Wahrheitstabelle dargestellt sind (vgl. Koch et al., o.J., S.13).

S	R	Q_1	Q_2	Effekt
0	0	Q_1	Q_2	Speichern
0	1	0	1	Rücksetzen
1	0	1	0	Setzen
1	1	1	1	Verboten

Tabelle 1: Wahrheitstabelle RS-Flipflop (vgl. Koch et al., o.J., S.12)

2.3   JK-Flipflop

Das JK-Flipflop ist prinzipiell ein RS-Flipflop mit zwei integrierten UND-Gattern, welches in Abbildung 2 dargestellt ist. Es arbeitet taktflankengesteuert, was bedeutet, dass es nur bei steigender oder fallender Flanke des Taktes schaltet, nicht aber während der Takt mit 1 anliegt. Das JK Flipflop ist nach seinem Erfinder Jack Kilby benannt. Der Hauptvorteil des JK-Flipflops liegt darin, dass der verbotene Zustand des RS-Flipflops umgangen wird, welcher entsteht, wenn an beiden Eingängen eine 1 anliegt. Dieser *verbotene* Zustand bewirkt beim JK-Flipflop ein Umschalten der Ausgangszustände, was auch als *Toggeln* bezeichnet wird (vgl. Koch et al., o.J., S.15-16).

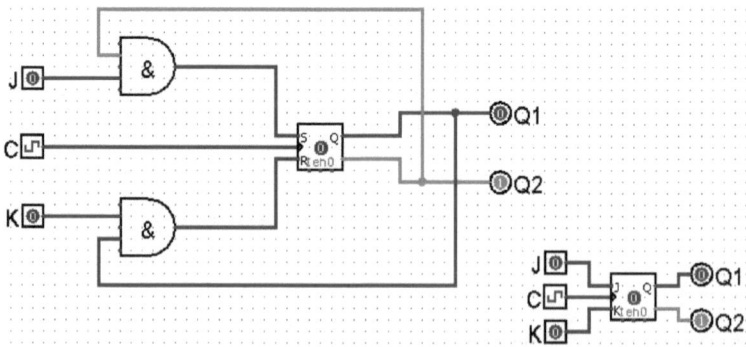

Abbildung 3: Aufbau JK-Flipflop & Schaltsymbol (vgl. Koch et al., o.J., S.16)

Das JK-Flipflop besitzt, wie in Abbildung 3 zu sehen, die beiden Eingänge J und K, den Eingang für den Takt C (engl. Clock für Takt), sowie die beiden Ausgänge Q und $\overline{Q}$. In

Tabelle 2 sind die unterschiedlichen Zustände des JK-Flipflops aufgeführt. Qn bezeichnet dabei den Zustand des Ausgangs vor einer Schaltung, $Qn+1$ entsprechend nach einer Schaltung des Flipflops.

K	J	Qn	Qn+1	Effekt
0	0	0	0	Speichern
0	0	1	1	Speichern
0	1	0	1	Setzen
0	1	1	1	Setzen
1	0	0	0	Rücksetzen
1	0	1	0	Rücksetzen
1	1	0	1	Toggeln
1	1	1	0	Toggeln

Tabelle 2: Wahrheitstabelle JK-Flipflop (vgl. Koch et al., o.J., S.16)

2.4 Graycode

Der Graycode ist ein Code, bei dem sich während des Übergangs von einer Zahl zur nächsten nur eine Ziffer, bzw. nur ein Bit ändern darf. (vgl. Fricke, 2021, S. 12-13). Deutlich wird dies in Tabelle 3, welche einen 3-stelligen Graycode mit einem 3-stelligen Binärcode vergleicht.

n	Dualcode			Graycode		
	d_2	d_1	d_0	g_2	g_1	g_0
0	0	0	0	0	0	0
1	0	0	1	0	0	1
2	0	1	0	0	1	1
3	0	1	1	0	1	0
4	1	0	0	1	1	0
5	1	0	1	1	1	1
6	1	1	0	1	0	1
7	1	1	1	1	0	0

Tabelle 3: Graycode / Dualcode für die Werte 0 bis 7 (vgl. Koch et al., o.J., S.45)

Bei einem Binärcode kann es durch unterschiedliche Laufzeiten oder Steuerungen der Bauteile dazu kommen, dass die einzelnen Bits einige Nano-Sekunden verzögert bei einem nächsten Bauteil eintreffen, wodurch es zu ungewollten falschen Zwischenzuständen kommen kann, wenn sich zwei binäre Stellen ändern sollten. Da beim Graycode nur ein Bit verändert wird, können diese Zwischenstände erst gar nicht entstehen (vgl. Fricke, 2021, S.12).

3 Realisierung der Schaltung

3.1 Synchronzähler

Um die Zählung 0:7 aus der Aufgabenstellung zu realisieren, werden 3 Bit benötigt, weshalb hier auch ein 3-Bit Synchronzähler konstruiert wird. Im Kapitel 3.1.1 werden zunächst die Wahrheitstabelle und die KV-Diagramme aufgestellt, auf deren Grundlage in Kapitel 3.1.2 der Synchronzähler konstruiert wird.

3.1.1 Wahrheitstabellen und KV-Diagramme

Die nachfolgende Wahrheitstabelle (Tabelle 4) stellt die binären Stufen (B_0 bis B_2) eines 3-bit Synchronzählers dar, jeweils vor (Z_n) und nach der Addition von 1 (Z_{n+1}).

Z_n	B_2	B_1	B_0	Z_{n+1}	B_2	B_1	B_0
0	0	0	0	1	0	0	1
1	0	0	1	2	0	1	0
2	0	1	0	3	0	1	1
3	0	1	1	4	1	0	0
4	1	0	0	5	1	0	1
5	1	0	1	6	1	1	0
6	1	1	0	7	1	1	1
7	1	1	1	0	0	0	0

Tabelle 4: Wahrheitstabelle 3-Bit Synchronzähler vor und nach der Addition

Im nächsten Schritt sind drei KV-Diagramme aus der Wahrheitstabelle abzuleiten. Zuerst werden alle Minterme von B_0 nach der Addition betrachtet, die den Wert 1 haben und in nachfolgendes KV-Diagramm überführt. Bei allen vor der Addition geraden Zahlen lautet der Eintrag von B_0 nach der Addition 1.

	B2	$\overline{B2}$	$\overline{B2}$	B2
B1	1	1	0	0
$\overline{B1}$	1	1	0	0
	$\overline{B0}$	$\overline{B0}$	B0	B0

Tabelle 5: KV-Diagramm für $B_{0(n+1)}$

Es wurden vier Zellen im KV-Diagramm gefunden, welche sich zu einer Masche verbinden lassen. Die Disjunktive Normalform (DNF) lässt sich in diesem Fall einfach ablesen und lautet für den Zustand nach der Addition:

$$B0_{(n+1)} = \overline{B0}$$

Im nächsten Schritt werden die Minterme für B1 abgelesen und ebenfalls in ein KV-Diagramm eingetragen.

	B2	$\overline{B2}$	$\overline{B2}$	B2
B1	1	1	0	0
$\overline{B1}$	0	0	1	1
	$\overline{B0}$	$\overline{B0}$	B0	B0

Tabelle 6: KV-Diagramm für $B_{1(n+1)}$

Auch hier wurden ebenfalls vier Zellen ausfindig gemacht, woraus zwei Maschen mit jeweils zwei Elementen gebildet werden können:

1.Masche = $(B1 \wedge \overline{B0})$

2.Masche = $(\overline{B1} \wedge B0)$

Werden die beiden Maschen nun verbunden (mittels einer ODER-Verknüpfung) ergibt dies:

$$B1_{(n+1)} = (B1 \wedge \overline{B0}) \vee (\overline{B1} \wedge B0)$$

Analog dazu wird mit den Mintermen für B_2 verfahren und ein KV-Diagramm aufgestellt:

	B2	$\overline{B2}$	$\overline{B2}$	B2
B1	1	0	1	0
$\overline{B1}$	1	0	0	1
	$\overline{B0}$	$\overline{B0}$	B0	B0

Tabelle 7: KV-Diagramm für $B_{2(n+1)}$

Hier lassen sich ebenfalls zwei Maschen finden. Dieses KV-Diagramm resultiert allerdings in einem komplexeren Ausdruck:

$$B_{2(n+1)} = (B2 \wedge \overline{B0}) \vee (B2 \wedge \overline{B1}) \vee (\overline{B2} \wedge B1 \wedge B0) = (B2 \wedge \overline{B1 \wedge B0}) \vee (\overline{B2} \wedge B1 \wedge B0)$$

3.1.2 Aufbau eines Synchronzählers mit JK-Flipflops

Um einen 3-bit Synchronzähler zu konstruieren, müssen die Gleichungen für $B_{0(n+1)}$, $B_{1(n+1)}$ und $B_{2(n+1)}$ in der zu konstruierenden Schaltung erfüllt sein. Die Aufgabenstellung dieser Ausarbeitung setzt dafür JK-Flipflops voraus.

Die disjunktive Normalform eines JK-Flipflops lautet $Q_{n+1} = (J \wedge \overline{Qn}) \vee (\overline{K} \wedge Qn)$ (Koch, Möller, Schubert, o.J., S.17). Nun muss für diese Gleichung die entsprechende Verschaltung für die Gleichungen der Binärstellen B_0, B_1 und B_2 gefunden werden. Dies wird mit dem Vergleichsverfahren erreicht, bei dessen Anwendung die Gleichung der einzelnen Binärstelle B_n mit der Gleichung des JK-Flipflops gegenübergestellt wird, um auf die richtigen Werte von J und K zu schließen.

In diesem Zuge wird die Gleichung des JK-Flipflops angepasst, für Q die Formel B_0 eingesetzt und mit der Gleichung von B_0 gegenübergestellt:

$$B_{0(n+1)} = (J0 \wedge \overline{B0}) \vee (\overline{K0} \wedge B0)$$

$$B_{0(n+1)} = \overline{B0}$$

Diese Gegenüberstellung entspricht nur der Wahrheit, wenn für J0 und K0 jeweils eine 1 eingesetzt wird. Die Richtigkeit dieses Ergebnisses wird nochmal unterstrichen, da der Wert der ersten Binärstelle immer im Folgeschritt invertiert werden muss und das JK-Flipflop somit *toggeln* soll (Eingänge J und K jeweils auf 1).

Analog dazu wird mit der Gleichung für die zweite Binärstelle B_1 (Gleichung übersichtshalber umgestellt) umgegangen und diese ebenfalls in die allgemeine Gleichung des JK-Flipflops eingesetzt:

$$B1_{(n+1)} = (J1 \wedge \overline{B1}) \vee (\overline{K1} \wedge B1)$$

$$B1_{(n+1)} = (B0 \wedge \overline{B1}) \vee (\overline{B0} \wedge B1)$$

Dies führt zu dem Ergebnis J1 = B0 und K1 = B0.

Für die Gleichung von B_2 wird dieses Verfahren ebenfalls durchgeführt:

$$B2_{(n+1)} = (J2 \wedge \overline{B2}) \vee (\overline{K2} \wedge B2)$$

$$B2_{(n+1)} = (\overline{B2} \wedge B1 \wedge B0) \vee (B2 \wedge \overline{B1 \wedge B0})$$

Dies ergibt J2 = B1 $\wedge$ B0, sowie K2 = B1 $\wedge$ B0.

Nun wird der Synchronzähler als Vorwärtszähler konstruiert, indem die vorher aufgestellten Gleichungen mit drei JK Flipflops (ein Flipflop je binäre Stelle) und einem UND-Gatter (notwendig durch B_2) verwendet werden. Die Simulation wurde mit Hilfe der Software *Logisim 2.7.1* durchgeführt und ist in nachfolgender Abbildung 4 dargestellt.

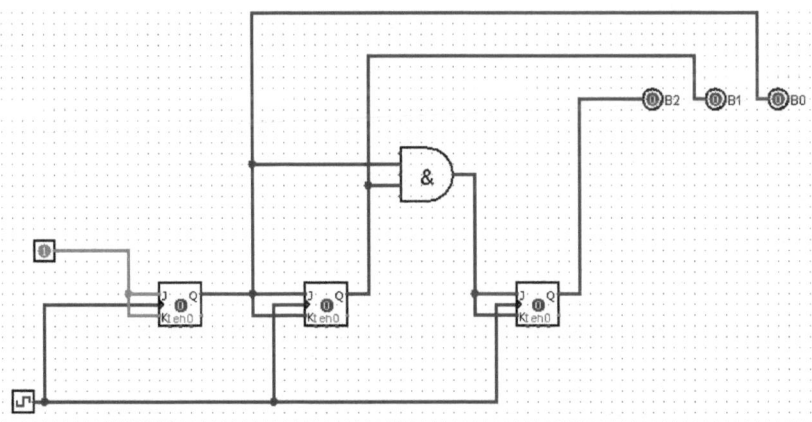

Abbildung 4: Schaltbild 3-Bit Synchronzähler

3.2 Kombinatorische Schaltung Graycode

3.2.1 Wahrheitstabellen und KV Diagramme

Die Herangehensweise zur Erstellung der KV-Diagramme und zur Bestimmung der DNF der einzelnen Bits des Graycode ist sehr ähnlich zu Kapitel 3.1.2, weshalb hier auf eine genauere Erläuterung verzichtet wird.

Die nachfolgende Wahrheitstabelle zeigt die binären Stufen (G_0 bis G_2) und die dazugehörige binäre Kombination im Dualcode.

n	Dualcode			Graycode		
	d_2	d_1	d_0	G_2	G_1	G_0
0	0	0	0	0	0	0
1	0	0	1	0	0	1
2	0	1	0	0	1	1
3	0	1	1	0	1	0
4	1	0	0	1	1	0
5	1	0	1	1	1	1
6	1	1	0	1	0	1
7	1	1	1	1	0	0

Tabelle 8: Graycode / Dualcode für die Werte 0 bis 7 (vgl. Koch et al., o.J., S.45)

Nun müssen erneut drei KV-Diagramme aus der Wahrheitstabelle abgeleitet werden. Im ersten Schritt werden alle Minterme von G_0 in nachfolgendes KV Diagramm überführt.

	d2	$\overline{d2}$	$\overline{d2}$	d2
d1	1	1	0	0
$\overline{d1}$	0	0	1	1
	$\overline{d0}$	$\overline{d0}$	d0	d0

Tabelle 9: KV-Diagramm für G_0

Es wurden vier Zellen im KV-Diagramm gefunden, welche sich zu zwei Maschen mit je zwei Zellen verbinden lassen Die Disjunktive Normalform (DNF) lautet somit:

$$G_0 = (d1 \wedge \overline{d0}) \vee (\overline{d1} \wedge d0)$$

Im nächsten Schritt werden die Minterme für G_1 abgelesen und ebenfalls in ein KV-Diagramm eingetragen.

	d2	$\overline{d2}$	$\overline{d2}$	d2
d1	0	1	1	0
$\overline{d1}$	1	0	0	1
	$\overline{d0}$	$\overline{d0}$	d0	d0

Tabelle 10: KV-Diagramm für G_1

Auch hier wurden vier Zeilen gefunden, welche sich zu zwei Maschen mit je zwei Elementen verbinden lassen (Masche der unteren Zeile über den Rand) und folgende DNF ergeben:

$$G_1 = (\overline{d2} \wedge d1) \vee (d2 \wedge \overline{d1})$$

Das letzte KV-Diagramm stellt die Minterme von G_2 dar:

	d2	$\overline{d2}$	$\overline{d2}$	d2
d1	1	0	0	1
$\overline{d1}$	1	0	0	1
	$\overline{d0}$	$\overline{d0}$	d0	d0

Tabelle 11: KV-Diagramm für G_2

Wie in den beiden KV-Diagrammen zuvor wurden vier Zellen gefunden, welche sich allerdings in diesem Fall zu einer Masche mit vier Elementen verbinden lassen. Damit lautet die DNF für G_2:

$$G_2 = d2$$

Diese Gleichung kann auch an der Wahrheitstabelle *abgelesen* werden, da der binäre Wert von G_2 nur auf 1 steht, wenn der binäre Wert von d_2 auf 1 steht, die Werte von d_1 oder d_0 sind dabei unerheblich.

3.2.2 Aufbau der kombinatorischen Schaltung

Nun wird, zum bereits unter Kapitel 3.1 konstruiertem 3-bit Synchronzähler, die Schaltung um die jeweiligen Elemente der disjunktiven Normalformen von $G_0 - G_2$ aus Kapitel 3.2.1

erweitert, zunächst streng nach den jeweiligen DNF-Funktionen. Auf eine Verbesserung der Schaltung wird in Kapitel 4 eingegangen. Benötigt werden in diesem Fall zunächst vier AND-Gatter, zwei OR-Gatter, sowie vier Inverter.

Um die gegebene Schaltung des 3-bit Synchronzählers (siehe Abbildung 4) für die richtige Ausgabe der ersten Binärstelle des Graycode zu erweitern, muss nun im ersten Schritt für G_0 die Leitung für d_0 mit vorgeschaltetem Inverter und die Leitung für d_1 auf ein AND-Gatter gebracht werden. Auf einem zweiten AND-Gatter muss d_0 und d_1 mit vorgeschaltetem Inverter an den jeweiligen Eingängen anliegen. Die beiden Ausgänge der AND-Gatter werden mit je einem Eingang eines ODER-Gatters verschaltet. Der Ausgang dieses ODER-Gatters zeigt die DNF von G_0.

Im nächsten Schritt der Konstruktion wird analog zum vorherigen Schritt verfahren. Der Unterschied ist hierbei, dass anstelle von d_0 und d_1 nun die Leitungen von d_1 und d_2 für die richtige Ausgabe von G_1 verwendet werden müssen. Der Ausgang des in diesem Schritt verbauten ODER-Gatters symbolisiert die DNF von G_1.

Im letzten Schritt wird noch die Leitung von d_2 auf den Pin von G_2 verbunden, wie in der DNF von G_2 abzulesen ist. In Abbildung 5 ist die komplette Schaltung konstruiert.

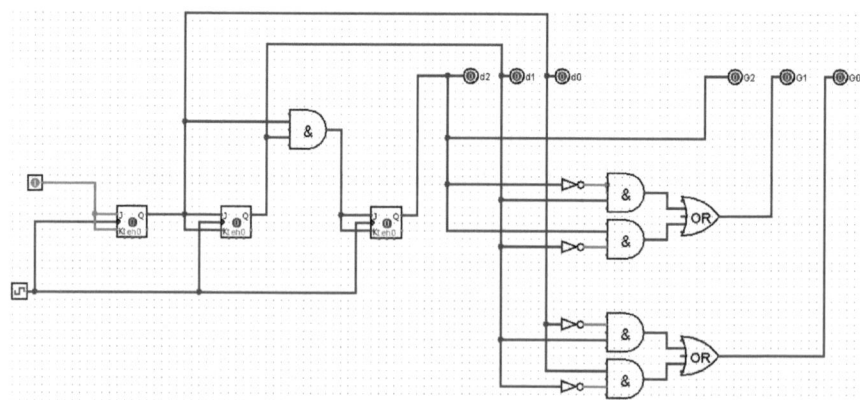

Abbildung 5: Schaltbild Kombinatorische Schaltung zur Graycode-Ausgabe

Anhand der nachfolgenden Tabelle, welche aus der Simulation der Schaltung stammt, kann entnommen werden, dass die Schaltung den hochzählenden Binärcode korrekt in Graycode übersetzt. Die einzelnen Zeilen sind hier doppelt ausgegeben worden, da der

Zustand der Schaltung bei jedem Taktwechsel festgehalten wird, der Zustand des Synchronzählers durch die verbauten JK-Flipflops jedoch taktflankengesteuert (hier steigende Flanke) arbeitet und sich somit nur bei einem Wechsel des Taktes (in Abbildung 6 mit „C" beschrieben) von 0 auf 1 verändert. Somit ist die gegebene Aufgabenstellung erfüllt und das geforderte Ziel erreicht worden.

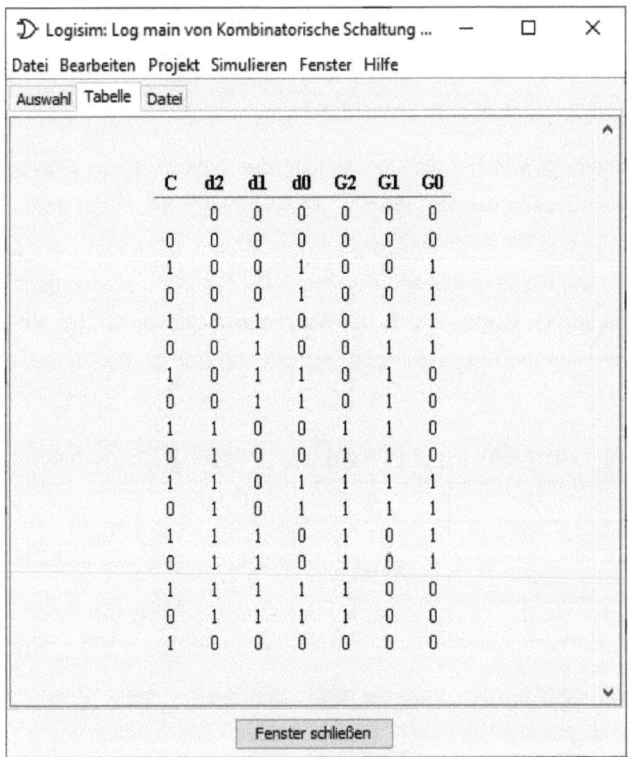

C	d2	d1	d0	G2	G1	G0
	0	0	0	0	0	0
0	0	0	0	0	0	0
1	0	0	1	0	0	1
0	0	0	1	0	0	1
1	0	1	0	0	1	1
0	0	1	0	0	1	1
1	0	1	1	0	1	0
0	0	1	1	0	1	0
1	1	0	0	1	1	0
0	1	0	0	1	1	0
1	1	0	1	1	1	1
0	1	0	1	1	1	1
1	1	1	0	1	0	1
0	1	1	0	1	0	1
1	1	1	1	1	0	0
0	1	1	1	1	0	0
1	0	0	0	0	0	0

Abbildung 6: Simulation Kombinatorische Schaltung

4 Verbesserungspotenzial und Fazit

4.1 Verbesserungspotenzial

In diesem Kapitel sollen mögliche Verbesserungen der Schaltung bzw. mögliche Einsparungen von Schaltelementen untersucht werden.

Der erste Teil der Schaltung (3-Bit Synchronzähler) lässt sich nicht weiter verbessern, da drei JK-Flipflops (Flipflop-Art in der Aufgabenstellung vorgegeben) für die jeweiligen Bits benötigt werden und das AND-Gatter zur Verschaltung vor dem letzten JK-Flipflop, bedingt durch die DNF von $B2_{(n+1)}$, nicht entfernt werden kann.

Der zweite Teil der Schaltung, welcher die Umwandung des Binärcodes zu Graycode vornimmt, kann jedoch verbessert werden. Werden die Wahrheitstabellen der disjunktiven Normalformen von G_0 und G_1 aufgestellt, lässt sich erkennen, dass diese den gleichen Aufbau vorweisen, wie die Wahrheitstabelle einer XOR-Funktion. Nachfolgend ist nur die Wahrheitstabelle von G_0 dargestellt, da die Wahrheitstabelle von G_1, bis auf die unterschiedliche Bezeichnung der Eingänge der Dualstellen (d_2 und d_1 statt d_1 und d_0), identisch ausfällt.

d1	d0	$(d1 \wedge \overline{d0})$	$(\overline{d1} \wedge d0)$	$(d1 \wedge \overline{d0}) \vee (\overline{d1} \wedge d0)$
0	0	0	0	0
0	1	0	1	1
1	0	1	0	1
1	1	0	0	0

Tabelle 12: Wahrheitstabelle G_0

Hier kann eindeutig festgestellt werden, dass die rechte Spalte der Tabelle 12 identisch mit der Spalte „Y" der u. s. Wahrheitstabelle (Tabelle 13) einer XOR-Funktion ist:

A	B	Y
0	0	0
0	1	1
1	0	1
1	1	0

Tabelle 13: Wahrheitstabelle XOR (vgl. Gehrke et al., 2016, S. 92)

Demnach wird nun die kombinatorische Schaltung dahingehend verändert, dass die vier AND-Gatter, die vier Inverter und die beiden OR-Gatter durch zwei XOR-Gatter ersetzt werden, was in der nachfolgenden Abbildung zu erkennen ist.

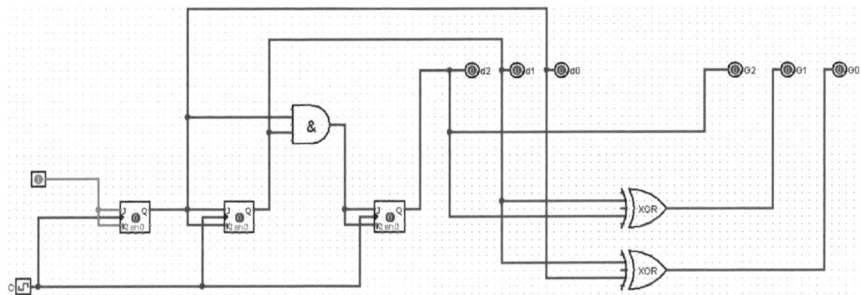

Abbildung 7: Verbessertes Schaltbild mit XOR-Gattern

Das untere der beiden XOR-Gatter wir von d_0 und d_1 gespeist, das obere Gatter von d_2 und d_1. Die Schaltung konnte somit um acht Elemente vereinfacht werden.

4.2 Fazit

Ziel der vorliegenden Arbeit war es, eine kombinatorische Schaltung zu entwerfen, welche eine Sequenzfolge in Graycode übersetzt. Die Aufgabenstellung bestand aus zwei Teilen, zum einen sollte ein synchroner Zähler (0:7) konstruiert werden, zum anderen sollte anschließend aus diesem Zähler durch eine kombinatorische Schaltung die entsprechende Sequenzfolge in Graycode umgewandelt werden. Es sollten entsprechende KV-Diagramme und Schaltpläne angegeben werden.

Der gewünschte Umfang der Arbeit von 8-12 Seiten konnte auf Grund der zahlreichen Abbildungen und Tabellen, deren Darstellungen allerdings auch zum Verständnis notwendig sind, nicht eingehalten werden.

Mittels einer Einleitung wird der Lesende zunächst einmal an das Thema herangeführt und es werden im nachfolgenden Kapitel die theoretischen Grundlagen erläutert, um ein generelles Verständnis in die Thematik zu erlangen. Kapitel 3 führt nun Schritt für Schritt durch die gefundenen Lösungen, wobei in Kapitel 3.1 zunächst auf den ersten Teil der Aufgabenstellung, die Konstruktion eines synchronen Zählers eingegangen wird, um auf dieser Grundlage die kombinatorische Schaltung zur Ausgabe des Graycode in Kapitel 3.2 zu behandeln, um die geforderte Aufgabenstellung zu erfüllen.

In Kapitel 4 wird neben einem Fazit eine Verbesserung der Schaltung behandelt, welche eine Einsparung von acht Schaltelementen herbeiführt.

Gerne sollte im Zusammenhang mit dem Thema der Ausarbeitung noch weitere Codes bzw. deren Übersetzung untersucht werden, um ein besseres Verständnis für unterschiedliche Codes und deren spezifische Vor- und Nachteile zu erhalten. Dies würde allerdings nicht der vorgegebenen Aufgabenstellung entsprechen und ferner den Rahmen dieser Ausarbeitung überschreiten, sodass diese Themen und Konstruktionen in einer eventuellen späteren wissenschaftlichen Arbeit erneut aufgegriffen werden können. Ebenfalls denkbar wäre es, die gegebene Schaltung um eine 7-Segment-Anzeige zu erweitern um die beiden gegebene Codes (Dualcode und Graycode) Dezimal darstellen zu können. Dies entfällt aber ebenfalls auf Grund der bereits weiter oben genannten Gründe.

IV. Literaturverzeichnis

Elektronik Kompendium, Zähler, https://www.elektronik-kompen-
dium.de/sites/dig/0210222.htm, Abruf am 15.12.2021

Koch, Möller, Schubert (o.J.): Digitaltechnik – Sequenzielle Schaltungen, Schaltwerke
und Simulationssoftware, AKAD Studienbrief ELT303, o.O.

Fricke (2021): Digitaltechnik – Lehr- und Übungsbuch für Elektrotechniker und Informa-
tiker, 9.Auflage, Fulda, Springer Verlag

Koch (o.J.): Digitaltechnik – Zahlensysteme und Codes, AKAD Studienbrief ELT301,
o.O.

Gehrke, Winzler, Urbanski, Woitowitz (2016): Digitaltechnik – Grundlagen, VHDK,
FPGAs, Mikrocontroller, 7. Überarbeitete und aktualisierte Auflage, Berlin, Springer-Vie-
weg

BEI GRIN MACHT SICH IHR WISSEN BEZAHLT

- Wir veröffentlichen Ihre Hausarbeit, Bachelor- und Masterarbeit

- Ihr eigenes eBook und Buch - weltweit in allen wichtigen Shops

- Verdienen Sie an jedem Verkauf

Jetzt bei www.GRIN.com hochladen und kostenlos publizieren